When I Am Gloomy
Quando eu tô tristinha

Sam Sagolski
Illustrated by Daria Smyslova

www.kidkiddos.com
Copyright ©2025 by KidKiddos Books Ltd.
support@kidkiddos.com

All rights reserved. No part of this book may be reproduced in any form or by any electronic or mechanical means, including information storage and retrieval systems, without written permission from the publisher, except in the case of a reviewer, who may quote brief passages embodied in critical articles or in a review.
First edition, 2025

Translated from English by Milena Rocha
Traduzido do inglês por Milena Rocha

Library and Archives Canada Cataloguing in Publication
When I Am Gloomy (English Brazilian Portuguese Bilingual edition)/Shelley Admont
ISBN: 978-1-83416-522-6 paperback
ISBN: 978-1-83416-523-3 hardcover
ISBN: 978-1-83416-521-9 eBook

Please note that the English and Brazilian Portuguese versions of the story have been written to be as close as possible. However, in some cases they differ in order to accommodate nuances and fluidity of each language.

One cloudy morning, I woke up feeling gloomy.
Numa manhã nublada, acordei me sentindo tristinha.

I got out of bed, wrapped myself in my favorite blanket, and walked into the living room.
Levantei da cama, me enrolei no meu cobertor favorito e fui para a sala.

"Mommy!" I called. "I'm in a bad mood."
"Mamãe!" chamei. "Eu tô de mau humor."

Mom looked up from her book. "Bad? Why do you say that, darling?" she asked.
Mamãe levantou os olhos do livro. "Mau humor? Por que você diz isso, querida?" perguntou ela.

"Look at my face!" I said, pointing to my furrowed brows. Mom smiled gently.
"Olha o meu rosto!" eu disse, apontando para as minhas sobrancelhas franzidas. Mamãe sorriu com carinho.

"I don't have a happy face today," I mumbled. "Do you still love me when I'm gloomy?"
"Meu rosto não tá feliz hoje," murmurei. "Você ainda me ama quando eu tô tristinha?

"Of course I do," Mom said. "When you're gloomy, I want to be close to you, give you a big hug, and cheer you up."

"Claro que eu te amo," disse Mamãe. "Quando você tá tristinha, eu quero ficar pertinho, te dar um abração e te animar."

That made me feel a little better, but only for a second, because then I started thinking about all my other moods.

Isso me fez sentir um pouco melhor, mas só por um segundo, porque aí comecei a pensar em todos os meus outros sentimentos.

"So... do you still love me when I'm angry?"
"Então... você ainda me ama quando eu tô brava?"

Mom smiled again. "Of course I do!"
Mamãe sorriu de novo. "Claro que sim!"

"Are you sure?" I asked, crossing my arms.
"Tem certeza?" perguntei, cruzando os braços.

"Even when you're mad, I'm still your mom. And I love you just the same."

"Mesmo quando você tá brava, eu ainda sou sua mãe. E te amo do mesmo jeitinho."

I took a big breath. "What about when I'm shy?" I whispered.

Respirei fundo. "E quando eu tô tímida?" sussurrei.

"I love you when you're shy too," she said. "Remember when you hid behind me and didn't want to talk to the new neighbor?"

"Eu também te amo quando você tá tímida," disse ela. "Lembra quando se escondeu atrás de mim e não quis conversar com o vizinho novo?"

I nodded. I remembered it well.

Eu fiz que sim com a cabeça. Eu lembrava bem.

"And then you said hello and made a new friend. I was so proud of you."

"E aí você disse oi e fez um novo amigo. Eu fiquei tão orgulhosa de você."

"Do you still love me when I ask too many questions?" I continued.

"Você ainda me ama quando eu faço muitas perguntas?" continuei.

"When you ask a lot of questions, like now, I get to watch you learn new things that make you smarter and stronger every day," Mom answered. "And yes, I still love you."

"Quando você faz muitas perguntas, como agora, eu posso te ver aprendendo coisas novas que te deixam mais esperta e forte a cada dia," respondeu Mamãe. "E sim, eu ainda te amo."

"What if I don't feel like talking at all?" I continued asking.

"E se eu não tiver vontade de conversar?" continuei perguntando.

"Come here," she said. I climbed into her lap and rested my head on her shoulder.

"Vem cá," disse ela. Eu me sentei no colo da mamãe e deitei minha cabeça no seu ombro.

"When you don't feel like talking and just want to be quiet, you start using your imagination. I love seeing what you create," Mom answered.

"Quando não quer conversar e só quer ficar quietinha, você começa a usar a sua imaginação. Eu adoro ver o que você inventa," respondeu Mamãe.

Then she whispered in my ear, "I love you when you're quiet too."

Então, ela sussurrou no meu ouvido: "Eu também te amo quando você tá quietinha."

"But do you still love me when I'm afraid?" I asked.
"Mas você ainda me ama quando eu tô com medo?" perguntei.

"Always," said Mom. "When you're scared, I help you check that there are no monsters under the bed or in the closet."
"Sempre," disse Mamãe. "Quando você tá com medo, eu te ajudo a olhar se tem algum monstro embaixo da cama ou dentro do armário."

She kissed me on the forehead. "You are so brave, my sweetheart."

Ela me deu um beijo na testa. "Você é tão corajosa, meu amor."

"And when you're tired," she added softly, "I cover you with your blanket, bring you your teddy bear, and sing you our special song."

"E quando você tá cansada," disse ela baixinho, "eu te cubro com seu cobertor, te dou seu ursinho e canto nossa canção especial."

"What if I have too much energy?" I asked, jumping to my feet.

"E se eu tiver muita energia?" perguntei, me levantando num pulo.

She laughed. "When you're full of energy, we go biking, skip rope, or run around outside together. I love doing all those things with you!"

Ela riu. "Quando você tá cheia de energia, a gente anda de bicicleta, pula corda ou corre lá fora. Eu amo fazer tudo isso com você!"

"But do you love me when I don't want to eat broccoli?" I stuck out my tongue.

"Mas você me ama quando eu não quero comer brócolis?" coloquei a língua para fora.

Mom chuckled. "Like that time you slipped your broccoli to Max? He liked it a lot."

Mamãe riu. "Igual àquela vez que você deu seus brócolis pro Max? Ele adorou."

"You saw that?" I asked.
"Você viu?" perguntei.

"Of course I did. And I still love you, even then."
"Claro que vi. E mesmo assim, eu ainda te amo."

I thought for a moment, then asked one last question:
Pensei por um momento e, então, fiz uma última pergunta:

"Mommy, if you love me when I'm gloomy or mad... do you still love me when I'm happy?"
"Mamãe, se você me ama quando eu tô tristinha ou brava... você ainda me ama quando eu tô feliz?"

"Oh, sweetheart," she said, hugging me again, "when you're happy, I'm happy too."
"Ah, minha querida," disse ela, me abraçando de novo, "quando você tá feliz, eu também fico."

She kissed me on the forehead and added, "I love you when you're happy just as much as I love you when you're sad, or mad, or shy, or tired."
Ela me deu um beijo na testa e acrescentou: "Eu te amo quando você tá feliz do mesmo jeito que te amo quando tá triste, brava, tímida ou cansada."

I snuggled close and smiled. "So... you love me all the time?" I asked.

Eu me aconcheguei no colo dela e sorri. "Então... você me ama o tempo todo?" perguntei.

"All the time," she said. "Every mood, every day, I love you always."

"O tempo todo," disse ela. "A cada sentimento, a cada dia... eu te amo sempre."

As she spoke, I started feeling something warm in my heart.
Enquanto ela falava, comecei a sentir um quentinho no coração.

I looked outside and saw the clouds floating away. The sky was turning blue, and the sun came out.
Olhei para fora e vi as nuvens flutuando para longe. O céu estava ficando azul e o sol apareceu.

It looked like it was going to be a beautiful day after all.
Parece que o dia ia ser lindo, afinal.

www.ingramcontent.com/pod-product-compliance
Lightning Source LLC
LaVergne TN
LVHW072108060526
838200LV00061B/4836